Bevor die Sonne erlischt

MARGARETHE DUCKSTEIN

Bevor die Sonne erlischt

FSC
www.fsc.org
MIX
Papier aus verantwortungsvollen Quellen
Paper from responsible sources
FSC® C105338

Bibliografische Information der Deutschen Nationalbibliothek:
Die Deutsche Nationalbibliothek verzeichnet diese Publikation in der Deutschen Nationalbibliografie; detaillierte bibliografische Daten sind im Internet über dnb.dnb.de abrufbar.

Coverdesign, Satz und Verlag: BoD · Books on Demand GmbH,
In de Tarpen 42, 22848 Norderstedt

Druck: Libri Plureos GmbH, Friedensallee 273, 22763 Hamburg

ISBN: 978-3-7597-4829-4

Inhalt

Bevor die Sonne erlischt ...

Die Welt – das ist eine Schönheit,
wenn die Sonne abends purpurn am Horizont schwebt.
Uns betört die Unwirklichkeit –
ihr Bild, das die lichtstrahlende Gloriole umgibt.

Sehr wertvoll sind die Fragmente
des Lebens, kurz bevor es geht – in die Antipode ...
Dann werden die Glücksmomente
kostbar, wie echte Freunde, glänzend, wie Kleinode.

Genießen wir das Leben,
bevor es einschläft, bevor das Dunkel es wegwischt,
den Zauber der Welt erlebend,
bevor der Tag endet, bevor die Sonne erlischt ...

Was fließt so?

Was fließt so ruhig, wie weiße Wolken am Himmelsblau,
segelt – wie sie im Sonnenschein – und übt seine Tänze?
Seine Form ist wechselhaft, nicht zu beschreiben genau,
ohne Grenze ...

Was fließt so ungebremst, wie das Wasser der Bergflüsse,
dessen Kraft das, was im Wege steht, mitnimmt oder bricht?
Es gibt keine Barrieren für die stürmischen Güsse;
es wartet nicht ...

Was fließt so, dass kein Erlebnis sich wiederholen kann,
dass Momente sich ständig ändern, unser Los bilden,
was uns sicher zum unbekannten Ort bringt, wo wir dann
ganz verschwinden.

Was fließt so beharrlich, bewegt das Pendel der Uhr,
die ohne Ende tickt? Der Ton ist unser Geleit.
Es fließt und fließt ... und hinterlässt der Ewigkeit Spur ...
So fließt die Zeit ...

Ich würde gerne die Zeit einholen

Ich würde gerne die Zeit einholen,
die Träume, die heute nicht mehr da sind, erreichen.
Geblendet von den Wohlstandssymbolen
übersah ich, wie sie aus der Seele entweichen.

Ich würde gerne die Zeit einholen,
die Liebe, die ich nicht erkannt habe, erleben.
Sie würde mit den Zauberparolen
dem Herzen – schon erstarrt – sein Leben zurückgeben.

Ich würde gerne die Zeit einholen,
die Fehler, die ich jetzt bedaure, korrigieren.
Dann würden die schattigen, qualvollen
Skrupel die Ruhe der Seele nicht ruinieren.

Ich würde gerne die Zeit einholen,
die Talente entwickeln, die mir geschenkt wurden.
Dann wäre der Erfolg nicht verloren,
verschwänden die Schmerzen der Sehnsucht, der absurden.

Ich würde so gerne die Zeit einholen!
Die Welt ist so groß! Es gäbe so viel zu erleben!
Statt zu weinen würde die Seele johlen!
Es geht jedoch zu Ende, das unerfüllte Leben ...

Die Mittagskanone

Der Ausblick vom 19. Stock ist wie ein Aquarell:
The Mother City vor des Meeres blauem Hintergrund ...
Elegant ausgestattet ist der Clubraum im Hotel,
an seinen Wänden lächeln Bilder – expressiv und bunt.

Fünf Personen; die Stimmung in festlicher Lage;
des Pastors Worte sind deutlich; die Luft steht still;
zweimal fällt eine unmissverständliche Frage –
und dann zweimal die gleiche Antwort: *Ja, ich will!*

Champagner prickelt: *Alles Gute* enthusiastisch,
Congratulations!, spricht mit Freude die ganze Welt.
Die Zukunft erscheint wie ein Märchen – phantastisch,
obwohl das Leben auch Probleme bereithält.

12 Uhr mittags ... Ein lauter Knall ertönt! –
Die Kanone wird abgefeuert auf dem *Signal Hill*!
The Noon Gun – eine Salve, die die Zeremonie krönt,
betont unseren mit dem Schicksal Deal.

Der weiße Rauch und der Zeit Signalton
waren wichtige Hinweise bei der Lagesichtung
für Matrosen vor Jahrhunderten schon.
The Noon Gun! Zeig auch dem Brautpaar die richtige Richtung!

Der Wächter des Südens

Ein weißes Tuch legt sich über die Tafel;
kommen vielleicht Elfen und Götter zusammen?
In der Luft scheint zu klingen ihr Geschwafel –
sicher wären die Berggeister gerne beisammen.

Ein Geheimnis schwebt in der sommerlichen Luft;
der Berg scheint von Legenden umgeben zu sein.
Das Tischtuch-Phänomen ist des Berges schönste Kluft,
bekleidet ihn mit Wolken bei dem Süd-Ost-Wind fein.

Ich erinnere mich an einer Sage Götter:
Beim Kampf mit dem Seedrachen erklang ein Hilferuf:
Der Gott des Landes, *Quamata,* rief seine Mutter,
Djobula, die – um ihm zu helfen – vier Riesen schuf.

Seitdem überwachen sie – in Berge verwandelt –
alle vier Richtungen des Landes – es ist ihr Werk.
Einer von ihnen ist hier, in Kapstadt, gelandet,
der Wächter des Afrika-Südens – der Tafelberg.

Entstand schon vor Millionen von Jahren,
einer der ältesten Berge der Welt
bezaubert er mit Flora-Exemplaren,
bietet ein atemberaubendes Blickfeld.

Des Westens und Ostens Gemeinsamkeit,
der kalten und der warmen Plätze,
zeitgleich Zukunft und Vergangenheit –
steht er für des Lebens Gegensätze.

Majestätisch, betörend wie Hypnotika
thront er über der Mutter-Stadt und dem Meer,
überwacht ständig den Süden von Afrika,
und eines der sieben Weltwunder ist er.

Mooi Bly

Dunkle Schatten des Abends huschen durch den Garten,
verwischen mit Fledermaus-Flügeln die Konturen weich.
Die letzten Sonnenfunken möchten nicht mehr warten
und verschwinden, purpurn scheinend, hinter dem Wasserteich.

Die Tageshitze duckt sich auf den Gartenwegen,
kühlt sich im matten, dunklen Wasser im Weiher.
Aus seiner Randbepflanzung kommen entgegen:
das Quaken der Frösche und die Rufe der Reiher.

Mein Geist verschmilzt mit der magischen Mirage,
erreicht einen Zustand nah dem des Nirwana;
gleichzeitig genießt er den Blick vorm Cottage –
die Lichter von Paarls flirrendem Panorama ...

Ich liebe die Abende hier, wenn die Welt stillsitzt,
und die Morgen, wenn – noch vor der Hitzestrapaze –
vor der Tür, auf mich wartend, ein großer Hund sitzt
daneben, auf dem Tisch, eine kleine Katze ...

Eine Weinfarm in *Cape Wine Lands* grünem Herzen,
deren Name – *Mooi Bly* – einen Gruß enthält ...
Hier, auf dem Weinberg, vergisst man die Weltschmerzen,
wenn der Blick auf die weiten Weinfelder fällt.

Der Ort ist weit weg von der Weltverdorbenheit –
hier kommen Hennen mit den Küken zu Besuch, und
er empfängt jeden mit familiärer Herzlichkeit,
verabschiedet mit dem Wunsch: *Mooi Bly* – bleib gesund …

Das Sprachdenkmal in Paarl

Die ultratiefen Töne – der Säule Resonanz,
wie der Götterharfe betörende Klänge,
umgeben von Symbolen und Gigantismus-Glanz –
wecken Afrikas Vergangenheitsgesänge.

Das mystisch wirkende Rauschen – der Sprache Symbol,
die im Tiegel der Geschichte zum Afrikaans schmolz –
geht in den Himmel hinauf, klingt in der Säule hohl
und weckt Ehrfurcht vor dem südafrikanischen Stolz.

Das Afrikaans ist des Landes Seele – das Resümee:
der Geschichte der Weißen, der Afrikaner Magie,
der malaiischen Sklaven Verzweiflung und Heimweh –
der Einflüsse der Sprachen, Bräuche, Kultur, Fantasie.

Stolz ragen in den Himmel des Denkmals Strukturen,
deren Formen einen symbolischen Sinn haben.
Ihre Wichtigkeit beschreiben des Wegs Gravuren –
die Worte: *DIT IS ONS ERNS* in Messingbuchstaben.

Afrikaanse Taalmonument thront über dem Tal,
erinnert an die Südafrika-Identität –
ein – für die Gegenwart und für die Zukunft – Signal
der südafrikanischen, bunten Stabilität.

Lagoon Beach

Das glutrote Licht breitet sich aus, fällt auf die Wellen,
umfängt, wie eine Gloriole, Lion's Head;
die Tagesgesichter bemalt jetzt, wie Aquarelle,
mit glühenden Farben der Abend-Ästhet.

Das Kreischen der Möwen vibriert im Raum;
ihre schwarzen Schatten kreisen über Lagoon Beach.
Der Sonnenuntergang, wie ein irrealer Traum,
ist so wie ein Bild vom Postkarten-Kitsch.

Tafelberg und Lion's Head im Purpur am Horizont,
davor der silbrige Ozean mit Gold-Reflexen:
Silhouetten, Licht und Schatten präsentieren gekonnt
den Moment der abendlichen Magie, der komplexen.

Wie Aquamarin schimmert der Weißwein im Glas.
Ich verschlinge des Moments Impression visuell
und bewundere des Naturwunders Ausmaß
mit einem Glas auf der Terrasse im Beach Hotel.

Ich bin zwar noch hier, bald jedoch schon wieder weg;
bald muss ich Afrika und Kapstadt verlassen ...
Ich werde mich sehnen nach diesem Erde-Fleck,
da unsere Seelen gut zusammenpassen.

Kap Agulhas – ein Punkt in der weiten Welt

Das Gefühl der großen, weiten Welt überwältigt –
das unruhige Meer zieht sich bis zum Horizont ...
Es wird noch vom endlosen Himmel vervielfältigt –
von der Weite – unterstrichen durch die Wolkenfront.

Heiß sind Sonnenflecken, die auf den Wellen glimmen.
Es scheint unwahr zu sein, ist aber wahr die Annahme,
dass hinterm Horizont frostige Eisberge schwimmen;
die Welt um mich herum zieht sich plötzlich zusammen ...

Hier ist der südlichste Punkt Afrikas, Richtung Südpol,
dessen Ströme und Riffe die Gefahr betonen;
seine Eigenschaften sind wie die vom Punktdipol:
Hier ist der Ort, wo Ozeane zusammenkommen.

Ich sehe keine Trennung im Wasser, das da braust,
ich denke an die Ströme, die Schiffe versenken,
und die wilde Schönheit der Gefahr, die hier haust,
lässt mich über das menschliche Los nachdenken ...

Die hoffnungsvollen Träume, die optimistisch glänzen,
die das Leben – wie Ströme und Riffe das Meer – bändern,
scheitern oft im Leben, enden in den Existenzen,
die – wie manche Schiffe hier – auf dem Lebensmeer kentern ...

Im Wasser am Kap Agulhas sieht man die Linie nicht,
die zwei Meere trennt, macht sie jedoch auch zu Eins.
Es ist so wie mit der Grenze – sie kommt auch nicht in Sicht –
zwischen *Hier* und *Jenseits* des menschlichen Daseins ...

Der Franschhoek River

Der Tag erwacht; ein Vogelchor beginnt zu singen.
Das kristallklare Trillern, die Vogelrufe voll Glück,
in Verbindung mit dem Rauschen des Wassers, klingen
wie ein grandioses, einmaliges Musikmeisterstück.

Die Sonne wäscht ihr Gesicht im Fluss.
Begleitet von der Vögel lautem Schreien
richtet sie ihren goldenen Kuss
auf die Kastanien- und Birnbäume-Reihen.

Der Franschhoek River windet sich in grüner Flur,
zwischen wilden Pflanzen, im Schatten der Bäume.
Im Einklang mit der afrikanischen Natur
gibt er genug Raum für die Tiere und Träume.

Die Hitze des Mittags liegt bleiern auf der Welt.
Im Fluss funkeln Diamanten ihrer Moleküle.
Da sein Rauschen jedoch von der Frische erzählt,
bringt der Fluss das Gefühl einer wohligen Kühle.

Die Abendschatten kommen aus den Baumkronen,
spielen mit den afrikanischen Eichhörnchen.
Am Himmel fliegen schreiend Vogelkolonnen –
über dem am Flussufer stehenden Häuschen.

Hier bin ich, wo mein Blick auf den Franschhoek Fluss fällt –
im Kerzenschein, umgeben vom Mückenschwarm –
und ordne meine Gedanken über die Welt –
vor dem Haus *Kastanje* auf *La Chataigne* Weinfarm.

Die Stunden, Tage und Jahre vergehen –
der Fluss rauscht, speichert die Fakten ...
Die Menschen kommen und gehen –
der Fluss bleibt – mit seinen rauschenden Takten ...

Die Wüstenbrise

Ruhig und geduldig wie die Ewigkeit
flirrt die goldene Fläche im Luft-Fluid.
Über der – dicht am Himmel – Endlosigkeit
fließt wellig des Windes monotones Lied.

Die Licht-Schatten-Wellen wiegen in den Traum,
der mit dieser Unendlichkeit verbindet.
Die echte Realität merkt man kaum,
vom Sand der Namib Wüste erblindet.

Wie Schiffe auf den Ozeanwellen
schweben die Felsen in den Sanddünen,
mit Häuschen – den Farb- und Formrebellen –
überwacht von Skulpturen im Grünen.

Die Sonne endet die tägliche Trasse.
Die Funken, die ihre Kraft noch besitzen,
schwingen in Sauvignon Blanc auf der Terrasse,
im Hotel Desert Breeze, wo wir jetzt sitzen.

Wie gesperrt in einer kühlen Luftblase
scheint Swakopmund, ein Traum jedes Urlaubers,
der bunten, modernen Häuser Oase,
doch im Besitz des Vergangenheitszaubers.

An diese Bilder werde ich oft denken,
sowie an diese Wüstenatmosphäre ...
Um mich vor dem grauen Alltag abzulenken,
schicke ich mein Herz in die Gedächtnissphäre.

Bambatsi

Große Sterne funkeln am Himmel droben;
das Feuer züngelt, knistert in der Schale;
seine Flammen flattern, zucken und toben,
untermalen des Tages Großfinale.

Die Gesichter im Kreis des Feuerscheins;
rundherum dunkle, afrikanische Nacht.
Das Gefühl des vertrauten Verbundenseins
hat der gemeinsame Abend erbracht.

Es hallen noch der Volkslieder flotte Klänge,
die die namibischen Frauen sangen –
abends, vor dem Servieren der Dinner-Gänge.
Die Seele hat die Töne empfangen.

Vingerklip, Twyfelfontain und *Versteinerter Wald,*
die Ausdrücke – gleich ihrem guten Renommee –
beschreiben die Gegend und Aktivitäten bald
als des vergangenen Urlaubstags Resümee.

In die Tiefe blickend, auf Mopanewald,
verzaubert die Besucher mit ihrem Charme,
auf der Randstufe vom zentralen Hochland,
Bambatsi, mit die älteste Gästefarm.

Nicht zu vergessen ist das gemeinsame Fest,
die funkelnden, zum Greifen nahen Sterne ...
Ich weiß nicht, ob mein Los mich wiederkommen lässt.
Ich hoffe, dass ich wiederkomme – gerne.

Der Sommerwein

Der Sommer mischt die farbigen Flecken,
tupft sie auf die Welt, schafft des Tages Design.
Die Sonnenstrahlen möchten das Glück wecken
und schwingen im Glas mit dem Sommerwein.

Unter dem grünen Mosaik der Bäume,
am Tisch – gepunktet durch den Sonnenschein,
sitzen wir, erleben die Tagträume,
lachen, essen und trinken den Sommerwein.

Der Garten ist voll von spielenden Kindern;
Familien feiern – niemand ist da allein.
Die Speisen können den Hunger lindern –
den Durst löschen Wasser und Sommerwein.

Der Gitarrenrhythmus berührt die Seele,
mischt sich in die Gespräche der Gäste ein.
Die Wellen der Stimmen, der Musikspiele
hallen in der Flasche mit dem Sommerwein.

Die Sonne gibt den Weinstöcken die Kraft;
die Trauben schimmern gelb wie der Bernstein.
Aus dem in ihnen gesammelten Saft
entsteht – im nächsten Jahr – der Sommerwein.

Der Lunch in *Backsberg,* mitten im Weinfeld,
mit Lamm vom Spieß und kaltem Sommerwein –
er spiegelt Afrikas fröhliche Welt.
Ich hoffe, ich werde noch oft hier sein ...

Das Hotel Sonnengut

Die Kugel der Sonne verließ die Nacht
und steigt rot-golden den Himmel empor.
Die zarten Frühlingsblüten sind erwacht;
frisch trillert der Vögel gemischter Chor.

Der Turm der Kirche thront majestätisch
über den Häusern mit hellen Fassaden:
Die Kunst der Sonne bemalt ästhetisch
Birnbacher Gesichter, die im Licht baden.

Die Sonne passiert der Rott Wanderstege –
im Wasser spiegelt sich ihrer Strahlen Flut –
und endet ihre frühmorgigen Wege
oben, Am Aunhamer Berg – da steht ihr Gut.

Empfangen von den Luftballons im Flur
verfängt sie sich wieder im Champagner-Glanz:
30 Jahre der Sonnengut-Wellness-Kur –
betont der prickelnden Perlen Brillanz.

Weiterhin Erfolg für die Spa-Oase,
die die Fitnessreserven auffüllen lässt!
Hier – in des Urlaubs erholsamer Phase –
feiern wir heute unser Geburtstagsfest.

Ich weiß nicht, was die Moiren mir noch schenken –
das Sonnengut wird jedoch von mir vermisst.
Ab jetzt jedes Jahr werde ich dran denken,
dass mein Geburtstag auch der des Hotels ist.

Chrysantiquelle

Leise sprudelt die kleine Heilquelle;
die Dampfwolke wirbelt, erfüllt vom Licht
und bildet eine schimmernde Idylle,
die die Schärfe der realen Bilder bricht.

Die Mutter Erde schickt uns einen Gruß
aus ihrer Tiefe – aus ihrem Herzen.
Ihr – voll elterlicher Sorge – heißer Kuss
lindert des Körpers und der Seele Schmerzen.

Die Kraft des Thermalwassers hat eine Mission,
die Tausenden die Hoffnung auf Heilung gewährt:
Sie gilt gegen Rheumatismus und Depression –
als Therme von hohem medizinischem Wert.

Die Sonne legt ihre leuchtenden Flecken:
Sie schimmern hell auf dem roten Marmor
der drei Löwen um das runde Becken –
Wächter der Chrysantiquelle, ihr Dekor.

Scheinbar entspannt, gleichzeitig ständig wach,
ruhig liegend, zeitgleich stets auf dem Sprung,
beschützen die Löwen die Quelle dreifach.
Unter ihrem Schutz bleibt sie für immer jung.

Café Plus

Das Rauschen der Stimmen; im Raum der Kaffeeduft;
die Blumen des Designersträußes strahlen bunt;
entspannte Gesichter; Grußworte in der Luft;
leise fließen Musikwellen im Hintergrund.

Die Sonne scheint auf die voll besetzten Tische;
ein schönes Mädchen, jonglierend mit dem Tablett,
serviert Getränke, Speisen, der Salate Frische,
und ergänzt die Komposition des Bildes komplett.

Das ist das Café Plus – der Freundlichkeit Hort,
wo sich jeder in seiner Sprache unterhält,
im Zentrum von Geesthacht, einem kleinen Ort –
hier trifft sich jedoch die große Vielfalt der Welt.

Das ist mehr als ein Café: In der schweren Zeit,
in der gefährdeten Welt, der der Kollaps droht,
werben Furi und Hans mit ihrer Freundlichkeit
für Frieden und Hilfe für die Menschen in Not.

Das Café werden wir stets weiterempfehlen.
Das Frühstück ist das beste je von uns gehabt.
Es ist schön, Furi und Hans, ihr guten Seelen,
dass ihr den wunderbaren Ort geschaffen habt!

Der Muttertag

Rundherum flimmern die Blätter rauschend leise,
als ob der Raum eine Decke und Wände hätte;
die Sonnenstrahlen bilden leuchtende Kreise –
die Stimmung ist wie die einer heiligen Stätte.

Wir schweben auf den kristallreinen Luftwellen,
vorbei an den Weiden mit Herden von Schafen,
erreichen die Flensburger Förde, die Stellen,
wo blaues Wasser glänzt – da döst ein Yachthafen.

Vor uns eine blau-weiße maritime Welt,
die Möwen kreisen in der Luft schreiend lautstark:
Wir sind in Solitüde und unser Blick fällt
auf die Schatten uns gegenüber – Dänemark.

Sand und Wasser streicheln angenehm die Füße ...
Ich träume die längst vergangenen Momente ...
Ihre ewige, nostalgische Süße
versüßt des Lebens bittere Fragmente ...

Die Füße – meine am größten – strampeln fröhlich ...
Das Wasser im masurischen See – das reinste ...
So schnell kann sich das Leben ändern, nämlich
bin *ich* heute von uns Dreien die Kleinste ...

So ein Tag ist wie ein erfrischendes Getränk,
kommt nicht oft vor, weil die Lebenswege es verhindern.
Darum ist sie für mich das schönste Muttertagsgeschenk –
die kostbare Zeit mit meinen großen Kindern ...

Der Geburtstag

Das Leben – ein buntes Mosaik,
wo das schwarz-graue Motiv auch nicht fehlt;
eine Erschaffung, deren Symbolik,
erscheinend in Träumen, Sagen erzählt;
das Abbild der Schicksalskoloratur –
ist ein wahres Wunder der Natur.

Das Geflecht der Träume und der Fakten,
und der Zeitcollagen – der Abstrakten,
wurde mit dem allerersten Herzschlag wahr –
am Tag der Geburt – als das Wunder geschah.

Ein Unikum ist jeder Lebensgang –
zweimal wird es denselben nicht geben.
Deswegen feiern wir seinen Anfang,
jährlich als das Wichtigste im Leben.

Für Stefan

Wenn ich heute vor dir stehe,
verschwindet das Zeitabsurde
und vor allem die Tatsache,
dass die Jugend geraubt wurde.

Ich sehe den schönen Jungen,
lange bevor das Los uns trennte,
der seine Liebe mir schenkte
und des großen Glücks Momente.

Obwohl ich es oft vergesse,
vom Ärger beeinflusst massiv,
du warst meiner bunten Jugend
das allerwichtigste Motiv.

An deinem Geburtstag heute,
kommt die Jugendzeit zurück,
die beispiellose Euphorie:
Uns gehört der Augenblick!

Viel Wasser ist schon geflossen,
viel änderte des Lebens Macht ...
Ich wünsche jedoch, dass heute
der junge Geist in dir erwacht.

Der Topscorer

Die Beine und Hände dynamisch in der Luft!
Ein Anfeuern der Fans kommt von der Bank!
Die Gegner schauen enttäuscht und verblüfft
auf einen effektvollen zweihändigen Dunk!

Brillant und offensiv, kämpfend ohne Gnade –
der Gegner schlechtere Verteidigung rächt sich –
erreichte Philip als Topscorer gerade
37 Punkte von 61!

So spielerisch, jedoch nicht ohne Anstrengung,
mit Disziplin zwar, aber doch unbekümmert,
erlaubte dein Leben des Ernstes Verdrängung,
denn die Eltern haben sich um dich gekümmert.

Jetzt beginnt für dich des Lebens Ernsthaftigkeit:
Du bist achtzehn, beendest deine Schulzeit;
heute – mit dem Erreichen der Volljährigkeit –
endet der Lebensabschnitt deiner Kindheit.

Weil du auf Bravour und Erfolg großen Wert legst,
wünsche ich dir zum Geburtstag – auf jeden Fall –,
dass du dich auch im Leben bravourös bewegst –
mit großen Erfolgen, wie die im Basketball.

In der Hoffnung, du kriegst nie der Seele Schmerzen,
du erfährst nie des Lebens Ungnade und List,
schicke ich dir noch einen Wunsch – aus dem Herzen –
den wichtigsten überhaupt, dass du glücklich bist.

Zum 17. Geburtstag

Genau vor siebzehn Jahren hast du die Welt erblickt
und alles hielt inne für diesen Augenblick,
in Erwartung und Neugier auf deinen ersten Ton.
Wer ist das, was wird er, der kleine Menschensohn?

Das war der große Start von einem neuen Leben;
die *Große Macht* hat dafür grünes Licht gegeben.
Von da an sammelt dein Schicksal alle deine Daten
und speichert sie und hütet auf der Gedächtnisplatte.

Hinter dem Prisma deines täglichen Lebens,
das das Licht deiner Existenz zerlegen lässt,
sind zu sehen die bunten Farben des Strebens,
dein Leben zu gestalten, wie ein schönes Fest.

Das gelingt dir prima, denn deine Talente –
die Abenteuer der Challenge, Sport und Musik –,
stimuliert durch Passion, bilden exzellente,
einzige Momente der Memory-Chronik.

Nicht zu vergessen sind: Zeit, Menschen und Ort,
Familie, Freunde und alle, die du triffst;
denn die Begegnungen sind das, was uns formt,
was wesentlicher Inhalt des Lebens ist.

Seit siebzehn Jahren steht schon die Gedächtnisplatte bereit ...
Du sagtest mal, dass siebzehn für dich reifer als achtzehn klingt ...
Genieße jedoch das letzte, schöne Jahr deiner Kindheit,
bevor die Seriosität des Lebens auch für dich beginnt.

Zum Geburtstag mein Wunsch, dass nur Glück und Liebe
den Speicherplatz deines Gedächtnisses anfüllen.
Ich wünsche dir, es bleiben fern alle Traumdiebe,
dass keine Dämonen dein Leben aufwühlen.

Das war der Anfang ...

Genau vor achtzehn Jahren in einem fremden Land,
im Norden von Afrika, als Ägypten bekannt,
genoss Margarethe, mit Bogusia zusammen,
ihren Urlaub in exotischem Naturrahmen.

Die großen Wüstensterne, das gelbe Wasser im Nil,
die Geheimnisse der Pyramiden – strahlend subtil,
hat Margarethe jedoch sofort vergessen,
als mit dem Wind ein Dialoghauch kam, stattdessen:

»Weißt du, dass Rudi Margarethe zu erreichen versucht,
dass er, stundenlang am Telefon, die Verbindung verflucht?«
»Ruft Rudi von zu Hause aus an? Warum, warum nur
bleibt er wach, versucht sie zu erreichen rund um die Uhr?«

»Ein wichtiges Ereignis in der Hamburger Stadt!
Es müsste eigentlich ins *Hamburger Abendblatt*,
dass sich Agathe im Krankenhaus *Maria Hilf* aufhält;
sie bringt nämlich Martin, Margarethes Enkel, zur Welt!«

Endlich klingelt das Handy! Höchste Zeit!
Es gibt Neuigkeiten: Es ist soweit!
Nach Stunden des Zögerns beendet der Sohn –
mit Erfolg – die schwierige Geburtsaktion!

Was, was? Ist Martin schon da, auf der schönen Welt?
Margarethe rennt zum Hotel, Bogusia hinterher;
sie packen schnell Koffer; rasch sind die Schränke leer.
Ein Glück, dass kein Hindernis sie von der Rückkehr abhält!

Jetzt schnell zum Flughafen, ins Flugzeug und los!
Richtung Hamburg; sie landen; wo sind die Taxen bloß?
Harburg, dann *Maria Hilf*, endlich das Zimmer,
dort Mama Agathe im Bett und neben ihr er ...

»Hallo, kleiner Prinz! Deine Oma ist hier!«
Er öffnet seine Äuglein, blau, wie der Saphir,
erobert ihr Herz und dort den Thron besteigt,
wo er bis jetzt, später mit Philip teilend, bleibt.

Heute ist der kleine Prinz achtzehn und zwei Meter groß,
die Aussicht auf Erfüllung seiner Träume grenzenlos!
Viel Glück und Erfolg, Großer, von Oma so geliebt!
Du hast ihre Welt verschönert! Gut, dass es dich gibt!

Zum 19.Geburtstag

– für Martin –

Seit einem Jahr bewegst du dich in der Welt,
wo du nach den Regeln der Erwachsenen lebst.
Und das mit Erfolg – du bist und bleibst mein Held,
weil du, trotz Hindernissen, nach Erfolgen strebst.

Mögen sich deiner Seele Flügel frei ausbreiten –
waren deine Wünsche zu meinem Geburtstag.
Möge sich deine lyrische Seite entfalten –
wünsche ich dir von Herzen am heutigen Tag.

Ich weiß, dass sie in dir immer vorhanden war.
Sie schlummert noch, sie wird sich aber entflammen.
Da unsere beiden Seelen verwandt sind, ist klar,
dass ihre Flügel von demselben Engel stammen.

Der Alltag braucht der Poesie zarten Bann,
um sich in einen Zauber zu verwandeln,
der das Schicksal so stark beeinflussen kann,
um für dich Glück und Freude auszuhandeln.

Der Löwe – der Herrscher

Die Sonne verbreitet ihren Schein.
Die Helligkeit weckt Optimismus,
verleiht etwas Glamour dem Dasein,
erhellt des Alltags Realismus.

Zwischen den Bäumen aus Tropenholz,
wo ein Strahl auf eine Lichtung fällt,
präsentiert sich im Sonnenschein – stolz –
der Löwe, der Herrscher der Tierwelt.

Mut, Fürsorge, Loyalität pur
sind Merkmale, die ihn vertreten.
Unerschrocken unterliegt er nur
der Sonne – dem Herrscherplaneten.

Das Bild male ich speziell für dich.
Ich denke aber, du kennst das Bild schon,
denn die Löwenfigur ist für mich
passend als ein Symbol deiner Person.

Ich wünsche dir Glück, Martin, mein Held,
im Licht der zwanzig brennenden Kerzen.
So, wie der Löwe in der Tierwelt,
herrschst du für immer in meinem Herzen.

Zum 40. Geburtstag

40 Jahre des Lebens – viel, was mancher meint.
Ist das viel oder eines Lichtschalters Klick?
Was für uns eine Ewigkeit zu sein scheint,
ist für die Ewigkeit doch nur ein Augenblick ...

40 Jahre des Lebens sind wie der Sommer,
wenn die goldene Sonne am stärksten scheint.
Uns erschrecken nicht mal des Gewitters Donner,
weil der Sommer sie nur als Erfrischung meint.

Die reifen Blüten ersetzen die Knospen;
voll glänzender Farben sind die Felder;
die Hoffnung erblüht, lässt sich auskosten;
ihre Farbe ist grün, wie die der Wälder.

Genieße der jetzigen Zeit Leckerbissen –
in dem schönsten Abschnitt deines Lebens.
Jahre später wirst du diese Zeit vermissen,
sie zurückhaben wollen – vergebens ...

Ich wünsche dir, Agathe, des Glückes Schimmer,
betone gleichzeitig gerne:
Du bleibst für mich was Besonderes für immer –
als die Mutter meiner Sterne ...

Zum 45. Geburtstag

Viel Zeit ist, Karolina, seit diesem Tag vergangen ...
Vor 45 Jahren hat dich die Welt empfangen.
Was hatte zu bedeuten dein erster Weltanblick?
Für dich – den großen Anfang, für deine Eltern – Glück.

Von da an webt dein Leben ein Tuch aus Zeit und Raum,
Menschen, Fakten, Orten, aus Realität und Traum.
Gehütet im Gedächtnis, wo es auch sicher liegt –
hol es manchmal hervor, bestaune sein Mosaik!

Es funkelt dort noch etwas, wie kleine Lichtakzente.
Das sind die Lebensjuwelen – die Glücksmomente,
deine glänzenden Kleinode mit Licht- und Farbenpracht;
sie sind da, um zu erhellen einen grauen Tag ...

In der Gedächtnistruhe ist noch viel Platz vorhanden.
Ich wünsche, dass dort nur die schönsten Juwelen landen.
Ich hoffe, dass das Los dir die schönsten Momente schenkt.
Seien deine Erlebnisse auf die voll Glück beschränkt!

Unter der Kastanie

– für Asia –

Schon wärmer werden die Nächte der Maiwochen;
der Mond betont des Himmels dunkle Ferne.
Auch am Himmel ist der Frühling ausgebrochen –
hell leuchtet das Frühlingsdreieck der Sterne.

Der Kastanie Blütenkandelaber schimmern bleich;
das zarte Grün der Blätter dämmert leise ...
Die Welt wartet ... Ein Spektakel beginnt gleich:
Die Sonne beginnt strahlend die tägliche Reise.

Mit der Sonne erscheint das Leben triumphal;
das Trillern der Vögel schwebt über dem Feld.
Die Lieder klingen jedoch anders diesmal –
mit ihnen mischt sich dein erster Schrei auf der Welt.

So male ich mir aus deiner Geburt Moment,
ein Bild von meiner Zuneigung zu dir geprägt.
Seit einigen Jahren bist du schon existent,
weil jetzt dein Geburtstag den Namen *Fünfzig* trägt.

Wir versammeln uns heute, zu diesem Termin,
mit dem Wunsch, es erfülle sich dein jeder Traum
und feiern unter dem grünen Blätter-Baldachin,
unter einem Symbol von dir – dem Kastanienbaum.

Zum 50. Geburtstag

50 Jahre im Leben sind wie Spätsommer im Jahr:
Die Natur ist farbenfreudig und die Luft ist glasklar,
keine zarten Knospen mehr zu behüten,
stattdessen die reife Schönheit der Blüten.
Weil die Sonne ihre warmen Strahlen noch sendet,
wünsche ich dir, dass dein Sommer für dich nie endet.

Aber zum Schluss heute noch einen Ton:
Eigentlich ist jede Jahreszeit schön!

Zum 74. Geburtstag

74 Jahre sind vorbei ...
Nach dieser Zeit fühlt man sich ... einfach frei!
Turbulenzen des Lebens sind schon weg;
das Leben erreichte schon seinen Zweck.
Es bleibt nur noch das Genießen seiner Früchte –
des Erfolgs in Erfüllung aller Sehnsüchte.

Ein großes Stück des Lebens ist zwar vorbei,
aber sein übriger Teil schimmert wie ein Seidenschal:
Die edlen Fäden, obwohl sie scheinen, sind solide.
Das sind: Freude, Prestige, Wohlstand und Friede.

Der Spätherbst bringt mit sich zwar viel Regen und Nebel,
färbt die Natur mit Grau und Silber,
macht durchs Spiegeln der Lichter die Welt aber edel –
verzaubert dabei ihre Bilder.

Genieße, Ursula, deines Lebens Ernte!
Bewundere deinen Spätherbst – seine Gesichter!
Verwende mit Begeisterung das Erlernte!
Komponiere den Alltag wie Verse ein Dichter!

Zum 80. Geburtstag

Heute ist dein Geburtstag. Was kann ich dir schenken?
Wäre das, vielleicht, eine neue, schöne Welt,
die nur glückliche Menschen und Frieden enthält?
Das kann ich, leider, nicht. Das bleibt nur ein Wunschdenken.

Wäre das eine weltweite, exotische Reise,
wo die Natur fasziniert, wie auch die Lebensweise?
Wäre das, Rudi, für dein Leben der richtige Lohn?
Das wäre jedoch keine Sensation – das kennst du schon.

Ich würde dir gerne die Jugend zurückbringen,
das Schicksal beschwören, die Wunscherfüllung erzwingen!
Wenn es nur möglich wäre, würde ich das schaffen!
Gegen das Los gibt es jedoch keine Wunderwaffen ...

Es gibt doch etwas, was immer wieder das Glück erhascht,
was immer wieder mit neuen Facetten überrascht,
was stark sein kann – es besiegt sogar die Traumdiebe.
Ich weiß schon! Ich schenke dir einfach meine Liebe ...

Für Gosia

Die Flamme der Kerze macht der Sonne Konkurrenz
und beleuchtet hell die bunte Geburtstagstorte.
Von versammelten Gästen kommt der Lieder Sequenz,
es erklingen der Glückwünsche fröhliche Worte.

Die Glück- und Erfolgswünsche kursieren leicht im Raum,
schweben wie ein zauberhaftes Vogelgewimmel,
versuchen sich zu vereinen mit dem Lebenstraum
und kolorieren die Trassen am Schicksalshimmel.

Heute, an deinem Geburtstag, muss ich zugeben,
du verdienst die Erfüllung aller deiner Ziele,
du verdienst ohne Zweifel ein glückliches Leben
als Belohnung für deine gutmütige Seele.

Für deinen Alltag wünsche ich einen Hauch Poesie.
Ich wünsche, sie bleiben bei dir – des Erfolges Geister,
Gosia, blondes Mädchen mit den Augen voll Samtmagie,
wie die der Madonna auf den Gemälden der Meister.

Die Challenge

Der Wind tänzelt am Himmel um die Wolkenfront
und kräuselt die bläuliche Seeoberfläche.
Ein Mosaik verziert die Sicht am Horizont –
der drei Inseln grün-golden flirrende Fläche.

Aus ihrem Baumkomplex, der in den Himmel ragt,
winkt rüber des Geheimnisses Geist, der dort spukt.
Von der dritten Insel wurde Philip verjagt,
die erste hat für die Challenge Olli verschluckt.

Dritter Tag – die Zeit ist zum Zerreißen gespannt,
obwohl die Möwen fröhlich die Runden drehen.
Jetzt warte ich mit Philip auf Olli am Strand.
Es ist schon fünf vor zwei, die Zeit scheint zu stehen …

Die Angst wächst mit jeder weiteren Minute;
wir sagen auf, wie ein Mantra, den Spruch dabei:
Hoffentlich kommt die Challenge Olli zugute –
lässt die geisterhafte Insel ihn wieder frei!

Vierzehn Uhr … Es tut sich nichts … Ist Olli in Not?
Wir sehen nur Schatten huschend am Inselrand …
Einer von ihnen ist doch Olli im Schlauchboot!
Eine Feder am Kopf, *Victory* zeigt die Hand!

Philip, Olli, wieder eine Challenge geschafft!
Geschafft mit einer großen Passion und Bravour.
Genauso bravourös habt ihr eben gemacht
den wichtigen Schritt ins Leben – das Abitur.

Ihr seid brillante junge Männer mit Träumen;
die große, weite Welt hat euch viel zu geben.
Dort wartet schon auf euch – Bloß nichts versäumen! –
die größte, spannende Challenge – das Leben.

Eine unverhoffte Begegnung

Ein glänzender Vogel landet auf dem Feld,
ein anderer fliegt dem Himmel entgegen:
Er steuert zu den Orten in der weiten Welt,
die meine Träume und Fantasie anregen.

Ein paar verzieren des Feldes graue Grafik;
diese scheinen – bunt bemalt – ruhig zu schlafen:
Ich sehe die spannende Welt der Aviatik
durch die Glasscheibe der Halle am Flughafen.

Der Uhrzeiger scheint sich mühsam zu bewegen;
die Menschen um mich im wirren Durcheinander;
das Gate wurde geändert; ich muss überlegen,
wie ich dahin komme – im Terminal-Mäander.

Dort formt sich schon eine lange Warteschlange:
Alle Sitzplätze sind offensichtlich besetzt.
Ich spüre, dass ich Schicksalsfunken empfange;
sie leiten mich zu einem freien Sitzplatz jetzt.

Worte der Begrüßung nehme ich zur Kenntnis,
aber plötzlich fließen des Sprechens Bäche;
wie ein Fluss wird das gemeinsame Verständnis,
als ob ich mit meinem zweiten Ich spräche ...

Der Austausch der Seelen hat sich bekräftigt;
der lästige Schatten des Wartens ist verblasst.
Wir sind mit unserem Gespräch so beschäftigt –
wir hätten nahezu das Boarding verpasst.

Die eine Person unter den Fluggästen ...
Ich kenne sie nicht, sie ist mir jedoch nicht fremd:
Manchmal versteht man sich im Leben am besten –
unverhofft – mit Menschen, die man gar nicht kennt.

In Erinnerung an Danuta

Eine grüne Wiese voll Blumenpracht,
die die Funken der Sonne durchfluten;
eine hellblonde Frau, die glücklich lacht,
sammelt Blumen in diesen Minuten.

Kühle Schatten huschen auf dem Seegrund;
das Mondlicht spiegelt sich im Wasser blass;
das Abendgespräch macht den Urlaubstag rund –
mit den Lichtreflexen verzaubert im Glas ...

Wenn die Traurigkeit meine Stimme bricht,
wenn weinerlich ich mein Leid erzähle,
erscheint über dem Kaffee ihr Gesicht –
das einer verständnisvollen Seele ...

Die Welt, an die nur Momente erinnern,
die ich im Geist wie ein'n Schatz aufbewahre ...
Die Lettern auf der Platte informieren –
schwarz –: *Sie lebte 67 Jahre ...*

Endlos

Die Sehnsucht hat viele Profile,
ihr Grund ist jedoch unbekannt –
der Grund der Qual, die ich fühle,
als Schmerzen der Seele genannt.

Will die Seele zu ihrem Ziel,
da mein Körper das falsche ist?
Fühlt sie sich hier wie im Exil,
wo sie das richtige vermisst?

Von *Hier* und *Dort* zu sich gezerrt,
die für sie als Welten gelten,
bleibt sie für immer eingesperrt,
leidend im Kreislauf der Welten?

Sind die Orte *Dunkel* und *Glanz*,
die sie hin und zurück schieben,
wie zwei Spiegel, die ein Bild ganz
verschlingen und ewig spiegeln?

Sind die Funken, wie Libellen,
die mich tags und nachts besuchen,
des vorigen Lebens Wellen,
die durchzudringen versuchen?

Wie die Nacht nach dem Sonnenlicht,
sehnt sich der Tag nach der Wende ...
Die Erfüllung gleicht dem Wunsch nicht ...
Geht die Sehnsucht nie zu Ende?

Ich habe deinen Namen vergessen

Ich habe deinen Namen vergessen,
aber nicht dein Gesicht, die blonden Haare ...
Ich kenne nicht deines Lebens Finessen,
entwickelt im Laufe der Jahre ...

Vor Jahren stelltest du eine Frage.
Ich sah Leid in deinen Augen entstehen,
als Reaktion auf meine Absage;
du fragtest: *Werden wir uns wiedersehen?*

Man sagt, man hat zweimal die Chance der Wahl;
man kann zweimal beginnen und lieben,
denn man begegnet sich immer zweimal –
bei uns ist es beim Einmal geblieben ...

Obwohl mein Leben interessant war,
denke ich – trotz der erreichten Ziele –,
dass ich etwas Wichtiges übersah:
Ich verpasste meine Dualseele.

Zu spät für Änderungen des Lebens,
es verlöre dadurch seine Balance.
Und ich bedaure jetzt auch vergebens:
Warum gab ich uns damals keine Chance? ...

Der Tröster

Was flüstert der Wind in den Baumkronen,
zart bewegend ihre grünen Blätter?
Sein Rauschen weckt friedvolle Visionen,
erheiternd wie ein sonniges Wetter ...

Sein Spiel mit den Blättern beruhigt;
das grün-goldene Mosaik flirrt ...
Ein wahrer Trost wird von ihm geschickt:
Er raunt, dass alles wieder gut wird.

Die Ungerechtigkeit schmerzt mal wieder,
deren Pfeile die Seele erwischen;
des Windes besänftigende Lieder
versuchen die Schmerzen wegzuwischen.

Er zerzaust sanft meine Haarsträhnen,
streift die Gesichtszüge respektvoll,
trocknet meine bitteren Tränen,
stoppt einen heimlich wachsenden Groll.

Zärtlich bringt er mein Leid zum Schweigen
und streicht alle Kummerfalten glatt.
Vielleicht versucht er mir zu zeigen,
dass wenigstens er mich gerne hat?

Die Töne, die die Vision erlauben,
die mich in irreale Träume wiegt,
hauchen: *Das ist kein Wind* – ich kann glauben,
dass das eine Seele ist, die mich liebt ...

Die gestohlene Liebe

Noch heute erscheinen manchmal die schwarzen Augen,
voll Glanz und Feuer der unstillbaren Begierde,
deren Charme und Gefahr für den Alltag nicht taugen,
vor Jahren waren sie des Verbotenen Zierde.

Noch heute spüre ich die Arme – die wichtigen
Symbole der turbulenten Leidenschaftstriebe.
Als Lebensstützen waren sie nicht die Richtigen,
fantastisch aber für die heißen: Tanz und Liebe.

Noch heute blitzen der Versuchung scharfe Zwänge,
versteckt mal sorgfältig hinter den Augenlidern;
ich höre der Musik leidenschaftliche Klänge
und sehe zwei Körper, die den Rhythmus erwidern.

Noch heute denke ich an die puren Lustwellen,
hinter der Freundschaft und Loyalität Kulisse.
Ich spüre noch, wie Gefühle die Seele quälen –
abwechselnd: mal Verlangen, mal Gewissensbisse.

Noch heute überrascht die plötzliche Wunschwende,
dass es mehr, als die – doch so ferne – Nähe bliebe ...
Noch heute ... Sie sind aber schon lange zu Ende –
die achtzehn Jahre der einst gestohlenen Liebe ...

Der Betrug

Ich mache einen Ausflug in die Vergangenheit,
zum Ort, wo der Fluss Wda in die Weichsel mündet.
Im Alter denkt man an die Orte seiner Kindheit,
was auch meinen jetzigen Besuch begründet.

Ich hoffe, dass ich meine Kindheit vor Ort finde,
sie könnte eine Antwort auf die Frage geben:
Sind schuld ihrer oder der späteren Zeit Winde
an meinen Problemen mit Gefühlen im Leben?

Der Fluss im grünen Gürtel der Obstgärten und Wiesen,
das Spiegelbild der Burg – gotische Architektur,
die Hügel *Diabelce* mit den Wildnisdevisen:
Auch heute ist zu bewundern die Schönheit der Natur.

Von dieser Schönheit konnte ich nie genug kriegen.
Sie erfüllte die Rolle des Seelenpsychiaters,
befreite meine Poesie, half zu besiegen
meine Angst vor den Kriegsdämonen meines Vaters ...

Der Marktplatz bekam Fontänen und Wasserspiele;
das Rathaus, die bunten Hausfassaden schimmern matt;
das Denkmal ist weg – erfüllte schon seine Ziele:
Ich bin in der mir bekannten, doch fremden Altstadt.

Hier steht unser Haus – in jetziger Wirklichkeit,
wo ich noch die Kühle der Gefühle empfange.
Dort gab es als einziges Zeichen der Zärtlichkeit –
nur zum Geburtstag – einen Kuss auf die Wange.

Eine lachende Gruppe der Kinder läuft vorbei,
die Unbekümmertheit dieses Alters ist zeitlos.
Die strahlende Freude, der Streit und die Prügelei,
sind der Kindheit sich schnell wechselnde Momente bloß!

An Streichen der Kindheit durfte ich nicht teilnehmen.
Ich musste perfekt sein und nichts lief aus dem Ruder:
Früh musste ich die Verantwortung übernehmen –
für meinen nur ein Jahr als ich jüngeren Bruder.

Die Schulen ..., wo ich die besten Zeugnisse bekam ...;
durch meine Leistungen habe ich scheinbar brilliert,
doch, weil ich aus einer verletzten Familie kam,
fühlte ich mich minderwertig und stigmatisiert.

Weil ein Rückblick an die Ungerechtigkeit schlimm ist,
spüre ich der Seele unangenehmen Kitzel:
Die Lehrer dachten, wenn du des Jahrgangs Beste bist,
bist du automatisch nützlich für sie als Spitzel.

Das ist eine schöne, aber für mich fremde Stadt,
beschattet von meiner Traurigkeit Silhouette.
Was mich jedoch an sie für ewig gebunden hat,
sind meine Lieben – an der letzten Ruhestätte ...

Die Aversion zu dem Ort kann ich nicht überwinden:
Die schlechten Erinnerungen kommen in Wogen ...
Ich war jung; meine Kindheit ist jedoch nicht zu finden,
weil es sie nie gab – ich wurde um sie betrogen ...

Eine weiße Katze

Die frische Morgenluft filtert das Sonnenlicht,
das auf den grünen Teppich der Wiesen scheint.
Im Takt laufender Schritte kommen in Sicht
bunte, kleine Häuser – mit der Landschaft vereint.

Eine weiße Katze kommt mir entgegen.
Die Welt schläft noch, die Vögel schweigen sogar.
Die Katze bemerkt mich, hält an deswegen,
mustert mich und begrüßt mit *Miau* – lapidar.

Ist in ihrem schneeweißen Fell etwas codiert?
Hat etwas zu bedeuten der Erscheinung Blick?
Wenn eine schwarze Katze das Pech symbolisiert,
verkörpert dann – konsequent – eine weiße das Glück?

Sie versucht den Lauf meinem anzugleichen,
und dann läuft sie mir hinterher auf dem Steg.
Vielleicht wollte mich auch das Glück erreichen,
ich war jedoch schneller und lief vor ihm weg? ...

Aber, egal was die Moiren gestatten –
sind das schwarze oder weiße Figuren –
alle werfen die gleichen, grauen Schatten
und hinterlassen zum Schluss keine Spuren ...

Eine kleine, graue Katze

Er wird immer heller – der Bäume grüner Ton,
die Weinfarm erwacht zum täglichen Leben.
Die spritzenden Sprenger bewässern synchron
die Gräser und Blumen im Garten daneben.

Eine kleine, graue Katze sitzt auf dem Tisch,
neben ihr, auf dem Boden, ein großer Hund:
Ein Bild vor der Tür morgens – so idyllisch
mit der aufgehenden Sonne als Hintergrund …

Sie warten auf mich – stets um die Zeit,
vor allem jedoch auf ihren Schmaus.
Dann geht der Hund weg, für Abenteuer bereit,
die Katze kommt noch einmal – und bringt eine Maus.

Auf diese Art zeigt sie ihre Sympathie:
Schenkt mir etwas, was sie für das Beste hält.
Das ist sicher ein Ausdruck ihrer Empathie
und der Zuneigung in ihrer Katzenwelt.

Vielleicht ist die Katze so gefühlsbetont gesinnt,
weil eine Seele in ihrem Katzenkörper weilt? …
Vielleicht kreisen Seelen wie im Spiegellabyrinth,
wo in jedem Spiegel ein anderes Bild erscheint? …

Ihre Augen scheinen etwas auszudrücken,
etwas Wichtiges, was sie nur mir anvertraut,
denn Augen sind wie verglaste Luken,
durch die die gefangene Seele schaut …

Ich möchte verschwinden

Ich möchte einfach verschwinden,
als ob es mich gar nicht gäbe,
als ob jemand geträumt hätte –
mein ganzes, trauriges Leben.

Dass er für immer verschwände –
der tiefe Schmerz meiner Seele.
Niemand weiß und möchte wissen
dieser Qualen Ursprungsquelle.

Verflüchtigt euch, der Verzweiflung
böse Worte, die gewinnen!
Ich möchte einfach verschwinden …
oder … aufs Neue beginnen.

Als ein freier Mensch geboren ...

Als ein freier Mensch geboren ende ich
als Sklavin einer missglückten Existenz.
Zu dem traurigen Ergebnis brachte mich
meiner unerfüllbaren Träume Sequenz.

Mit der Talente Unterstützung betraut,
geschenkt mir von der großzügigen Natur,
haben meine schillernden Träume gebaut
eine unbedeutende, blasse Struktur.

Sie schickten mich in die Illusion bewusst,
statt den Wunsch nach der Liebe zu erfüllen,
konnte sich nur als meiner Freiheit Verlust
der große Traum von der Liebe enthüllen.

Meine Wege nähern sich schon dem Ende
und ich muss heute der Wahrheit recht geben:
Die Träume gerieten an ihre Feinde
und verloren das Duell mit dem Leben ...

Gefangen im Geflecht der Umstände,
spüre ich – die Lebenslust ist vorbei,
die Sehnsucht nach der Liebe zu Ende ...
Werde ich so jetzt vielleicht wieder frei? ...

Zwei Stunden vor der Morgendämmerung

Sie kam wieder, die vorletzte der Nachtstunden,
wenn die Geister der Tageslasten anrücken,
deren körperlose, stumm fragende Runden
in den Abgrund der Verzweiflung drücken.

Sie verursachen, dass das Weltbild entstellt wird,
dass gerade um diese Zeit, in diesem Raum,
die Seele in der Verzweiflung Sackgassen irrt,
der Schlaf keine Ruhe mehr ist, nur ein Albtraum.

Die Bilder der Orte – Fallen – fließen vorbei;
die Wege schlängeln sich, statt zum Ziel zu führen;
das Alleinsein, trotz Menschenmengen, lässt dabei
eine absolute Hilflosigkeit spüren.

Die Nacht verschwindet, die Schatten genauso.
Mit dem Licht kommt der Ängste Abmilderung.
Warum – statt zu entspannen – quälen sie so,
die zwei Stunden vor der Morgendämmerung?

Die Flucht

Gefesselt von den Ereignisketten,
von den Lebensumständen betrogen,
kann ich die Illusion nicht mehr retten,
denn meine Träume sind schon verflogen.

Weil Träume stets im Leiden enden,
obwohl sie immer schön anfangen.
Auch meine konnten anfangs blenden,
dann erwachte ich als gefangen ...

Ich wollte den Liebestraum spüren.
Es wurde mir zum Verhängnis.
Statt in der Liebe Glück zu fühlen,
fühlte ich mich wie im Gefängnis.

Ich möchte nur der Qual entkommen –
der Wunsch, den ich an mein Los richte.
Etwas hab' ich schon unternommen:
Die Flucht seid ihr, meine Gedichte.

Wie kann ich den Abend genießen?

Wie kann ich den Abend genießen,
wenn ich so gerne den Tag hätte,
dessen Bilder so dynamisch fließen?
Sie bilden des Lebens bunte Kette.

Wie kann ich den Sonnenuntergang genießen,
wenn der Sonne Purpur das Tagesende meint,
wenn die Rottöne bunte Farben ausschließen?
Was heißt, dass der Tag sich bald mit der Nacht vereint.

Wie kann ich die ruhigen Momente genießen,
wenn ich auf die lebhaften Jahre zurückblicke,
die ab und zu laute Salven des Glücks schießen?
Sie sprengen der Trauerschatten graue Clique.

Die alte Zeit möchte ich nicht zurückholen,
ich wünschte, es würde eine neue geben ...
Mein Leben möchte ich gar nicht wiederholen –
ich würde jedoch gerne noch einmal leben ...

Das zweite Leben

Mein Kopf sagt: *Das Leben geht bald zu Ende;*
mein Herz spürt: *Die Zukunft ist ewig noch da.*
Es gibt noch unendlich viel Zeit bis zur Wende;
das Leben verschwindet nicht so einfach zeitnah.

Man sagt, alle verdienen zweite Chancen,
um die Fehler zu korrigieren – irgendwann ...
Das Leben hat so viele schlechte Nuancen,
dass es mit dieser Welt gar nicht enden kann.

Die Forschungskraft des Menschen hat keine Grenzen.
Wenn man sich auf die Gesetze der Physik beruft,
bleibt jede Handlung nicht ohne Konsequenzen,
da jede Aktion eine Reaktion hervorruft.

Wir sind sicher, alles passiert nur einmal.
Es müsste jedoch bemerkt werden dabei,
alles hat seinen Gegensatz – den zweiten Teil:
Die uns bekannte Dimension basiert auf *Zwei.*

Wo landet die Seele jedoch, wenn sie aufbricht
und den Körper auf der letzten Reise verlässt?
Ist das – beim Ausgang zu sehende – weiße Licht
des grandiosen Lebens im Jenseits Manifest?

Vielleicht wird die Seele als Energie im Kosmos
von einem der schwarzen Löcher gesaugt und verschluckt?
Verschwindet sie in seinem Inneren endlos?
Ist das *Gegenleben* dieser Handlung Produkt?

Gleich über was für Theorien er spekuliert,
hofft doch jeder, ob ungläubig oder ein Christ,
dass nach diesem Leben noch eines existiert,
welches der Gegensatz des fehlerhaften ist.

Heute

Überzeugt, dass wir das Glück bekommen,
warten wir auf die Tage, die kommen.
Für das Gedächtnis ist's hingegen klar,
dass das, was vergangen ist, besser war.

Neben der Nostalgie Emotionen
und den leuchtenden Zukunftsvisionen
wirkt blass – da sich dort Banalität häuft –
der Alltag – die Zeit, die gerade läuft.

Gestern – hat nur Erinnerungsräume,
Morgen – enthält nur flüchtige Träume.
Dass das Glück im *Heute* steckt, ist real.
Ob wir es finden, ist unsere Wahl.

Über die Autorin

Margarethe Duckstein (vorher Dudzinski, geb. Raciniewska), Jahrgang 1953, wurde in Polen geboren, wo sie ihr halbes Leben verbracht hat. Seitdem lebt sie in Deutschland.

Dipl.-Ingenieurin von Beruf, arbeitete sie viele Jahre in Polen und Deutschland als Bauingenieurin und Architektin.

Poetin aus Berufung, konnte sie ihre Poesie erst nach dem Beenden ihrer beruflichen Karriere und ihrer Pflichten gegenüber der Familie zu Papier bringen. Sie schreibt in zwei Sprachen: Deutsch und Polnisch.

Kunst und Literatur, vor allem die Poesie, waren immer ihre größte Leidenschaft. Die zweitgrößte sind Reisen, besonders nach Südafrika, das sie beinah als ihr zweites Zuhause betrachtet.

Ihr Verstand ist logisch und scharf, aber ihre Seele ist romantisch, empfindsam und verletzlich.

Viele Ereignisse in ihrem Leben, auch die tragischen in der Kindheit, haben einen großen Einfluss auf ihre Dichtkunst: der frühe Verlust ihrer Mutter, das Leben in Polen in der Zeit der Volksrepublik, die Umsiedlung nach Deutschland 1989, Reisen in die Welt.

Eine Mischung aus Wissen, Romantik, Traurigkeit und Schwermut, aber auch die Begeisterung über die Schönheit des Universums und der Welt spiegelt sich in ihren Gedichten und verleiht ihnen eine melancholische Note.

Bis jetzt wurde in Deutschland ihr Gedichtband *Der Komet genannt Leben* veröffentlicht.
In Polen erschienen: die polnische Version des Gedichtbandes *Der Komet genannt Leben* unter dem Titel *Kometa zwana życiem*, sowie ein zweisprachiger Gedichtband *Zapisane w wodzie / Gespeichert im Wasser.*

Sie hat zwei Kinder und drei Enkel.

Mit ihrem zweiten Mann, Rudolf Duckstein, lebt sie in Tespe bei Hamburg.